श्वेत काव्य

नेहा केदारे

Made with ♥ on the Notion Press Platform
www.notionpress.com

क्रम-सूची

क्रम-सूची

क्रम-सूची

1. यह वक्त भी चला जाएगा....

पता है तु टुट रहा है;
तेरी ओर आते इस अँधेरे को देखकर
चलना तो अब तु छोड़ नहीं सकता ना;
रास्तों में पड़े काँटों को सोचकर
तु लड़ा बहुत है;
अपने हर चट्टानों से हौसले को थामकर
और लड़ा भी उनसे है;
जिनको चाहा तु ने अपना मानकर
आज ले रहा है तु;
रातों में बेचैन सी सीलवटें कहीं
देख यह इशारा कर रही है;
उन मजबूत पहाड़ों की ओर कहीं
बुरा मानना भी गलत है;
तेरा इस वक्त को इसमें भी कुछ अच्छाई है
बस युहीं समझ तेरे अंदर छिपे;
बेहतरी को खोजने की तेरी यह लड़ाई है
तेरे हर आँसू को रोकेंगे सब;
तु कभी इन्हें रुकने मत देना
तेरा यह दर्द बार-बार दिल मे पनाह माँगेगा;
तु पिघलकर इसे रहने मत देना
हदें बहुत लगा दी जाएगी;
जो की तेरी उड़ानों के लिए काफी नहीं

फैलाकर तु पंख अपने भर दे वह उड़ान;
दिखादे तेरे सपनों की दुनिया है यही
खुशियां तो कहीं है;
तु जी जान से धुंड तो सही एकबार
हर पल मे जीना जब सिखेगा;
तभी मानेगी अंधरुनी मायूसियाँ तेरी हार
क्या रिश्ता निभाएगा तु इन गमो से
यह खुद से तुझको हरा ही देंगी;
उजालें की ओर नजरें उठाएगा तो तेरी
हर काली रात को रोशनी से चमका ही देंगी
हर घडी का वहा हिसाब है बस जानले इतनी-सी बात;
हताश निराश होकर काट रहा है तु
चली जानी है यह भी रात
सब्र रख तेरे अंदर खौले समंदर को;
सुकूनभरा सवेरा मिल ही जाएगा
यह जो लपेट कर बैठा है ना तु इन गमो को;
इनको हवा तो दे एकबार फिर देख
यह वक्त भी चला जाएगा

2. जिंदगी जीना सीख रहे है

पता नहीं कुछ दिनो से
हम क्या किए जा रहे हैं
खुशियों की ना वजह है
फिर भी मुस्कुराते जा रहे हैं

हमारी हंसी को समझती है
दुनिया पागलपन हमारा
हम ना कर उनकी परवाह
जिंदगी जिए जा रहे हैं

मन कहे कमाले दो हमदर्द
जो तेरे गमों को पहचानें
फिर दिमाग की सोचे की
क्यों जाना है दिल बेनकाब करने

परेशानियाँ तो इम्तिहान लेती है
यहीं हंसी जीना संवार देती है
रफ़्तार है जिंदगी वक्त किमती है
मंजिल पाना उससे ज्यादा किमती है

गलंतियाँ तराशकर उभरते जा रहे हैं
जन्म सफल कर चहकते जा रहे हैं

जीने का मानो सच्चा मक़सद ढूँढ रहें हैं
मन की लगन से जिंदगी जीना सीख रहे हैं

3. माँ तेरे बिन

प्यार की बारीश मुझपर होती रही
तेरे पल्लु में सिमटकर में सोती रही
सोचूँ तुझ बिन ये ज़िन्दगी तो
मायुस सा हो जाता है दिल मेरा
कभी सोचा है कैसे जिएगा
तुझ बिन बच्चा ये तेरा
तेरे गोद मे बीते दुनिया के
सबसे हसीन दिन रहे
जुर्म से लगते अब के दिन
जो मुझे तुझसे जुदा करने आ रहे
तेरी बच्ची पर विदाई के गम
हावी होते जा रहे हैं
पर मेरे सर कदम पर
तेरी दुवाओं का असर जुड़ा है
रब का साया मानो तेरे रुप में
मेरे साथ खड़ा है
जमाने का दस्तूर मुझे
निभाना पड रहा है
निडर हूँ पर तुझे छोड़कर जाना
यही मेरा सिक्का अड़ रहा है

4. बाबा बात है बस इतनी।

बाबा थक गया है तु;
पर हारा नही अबतक
बडा सब्र है तेरी उम्मीद मे
पर मैं चुप रहूँ कबतक ।
देखना चाहती हूँ तेरी आँखो
सुकून भरी नींद कभी
तेरी खामोश चीखें सुनकर
रातो मे उठ जाती हूँ मैं अभी ।
यह कैसा प्यार तु दे रहा है
मुझे खुदका वजूद भुलाकर;
कैसे हँस पाता है तु ,गहरे
जख्म पायाब बताकर।
मुझसे पहले कहा गया था
बडा आराम भरा जीना था तेरा;
क्या सच मे मेरे जन्म से
पड गया है असर इतना गहरा।
अब से तेरी मसले की
कारोबारी खुदपर ओढ़ूँगी;
ना तेरा हाथ कभी छोड़ूँगी
ना तेरा साथ कभी छोड़ूँगी ।
बाबा बात है बस इतनी
की मुश्किल हो चाहे कितनी
जिंदगी जो है यह जंग

बस अब तेरे लिए है जितनी।

5. ख्वाहिशें

जितना सुकून है ख्वाहिशें पाने में मेरी
उतना तड़पाएगा तु आजमाईश में तेरी

यह आजमाइशें बना रही है दिल को पत्थर
क्या ही मोल ख्वाहिशों को उन पाकर

तुने दि है जो जिंदगी कांटों से भरी है
हर कदम पर बस जख्म दिए जा रही है

ज़ख्मों की मानो दिल को आदत हो चुकी है
फिर भी तेरी रहमत की उम्मीद दिल में बाकी है

सैलाब जैसे अब आँसू निकलने लगे हैं
मेरे सपने बस सच्ची कोशिशों के सगे है

ए रब तेरी बच्ची पर इक अहसान कर दे
लिखी गई मेरी कहानी में हौसला थोड़ा और भर दे

6. नूर-ए-चाँद से बात

अँधेरे में बैठी थी मैं अकेली

पर इक नूर था मेरे साथ

दूरी काफी थी हममें

पर हो रही थी हर बात

लफ्ज़-ए-जरिआ लेकर

पुछ रही थी जज्बात

की मैंने इक रात

नूर -ए- चाँद से बात

महफ़िल खुब रंगी

हुई अश्कों की बरसात

उझे भी छोड़ देते हैं तारे

तुसी कुछ वक्त के बाद

मुझ जैसे दिखता है भीड़ मे

पर अकेला होता है वो सारी रात

जाना यह भी पहलु जीने का

जब की मैंने उस रात

नूर -ए-चाँद से बात

तारे मन लुभाते हैं, लम्हे सजाते हैं

फिर बन जाते हैं रुह तक सनी याद

और वो रुहानी याद पता नहीं

क्यों छोड़ती नहीं वक्त का हाथ

पल जो हसते चलें गए रुलाते हैं

याद आने के बाद

यु मालुम हुआ और इक दर्द
जब की मैंने उस रात नूर-ए-चाँद से बात

यु मालुम हुआ और इक दर्द
जब की मैंने उस रात नूर-ए-चाँद से बात

7. सुकून

ना किसी की महफ़िल में
ना किसी के साथ मे
सुकून कुछ मिल जाता है
आजकल खुद की सोहबत में
दिल बहलाते हैं हम अंधेरे में बैठकर
उजालो के सपने देखने की आदत में
साँसें चलती है कुछ यु की
जिंदा है तु बताने की चाहत में
कहती हैं मंसुबे पुरे होंगे सब
बस हौसला रख अपनी इबादत में
रब तेरा सच है और वक्त तेरा गलत
अब बस जोर डाल तु थोड़ी मेहनत में
कहती हैं यह तन्हाईयाँ अब तो
जी ले खुद की इनायत में
खुद से ना वाकीफ है तु,
जाने तु तो देर ना है तेरी
गलत सोच की रिहायत में
चुना है उस ने तुझे यह अगर
जान ले तु तो ना उलझेगा
अपने रब से शिकायत में
बस चलेगा उसके नक्श-ए-कदमों
पे तो पा ही लेगा हर खुशी
जो मांगी है तु ने मन्नत में

8. जिंदगी

जिंदगी तुझे बहुत सोचती हूँ में
हरबात मे खुद को कोसती हूँ मैं
ना खुश रहती ना उदास रहती हूँ
बस खुद से काफी रूठती हूँ मैं

चाहती हूँ दिल खोलकर रोना
पर आँसूओं को अपने रोकती हूँ मैं
लोग सिर्फ लफ्ज़ सुनते हैं आजकल
तो जज्बात अपने बोलती नहीं मैं

कितना हार चुकी हु तुझे मनाते ए
जिंदगी;अब जितना चाहती हूँ मैं
मेरा कोई अजीज क्यों नहीं बनता
सोचकर खुद पे शक करती हूँ मैं

बचपना मेरा जो मारने तुले हैं
उन में ही अपना बचपन ढुंढती हूँ मैं
इक इक ख्वाब हुए हैं बर्बाद
जिंदगी ख्वाबीदा सी जीना चाहती हूँ मैं

9. काश होता कोई....

जिंदगी बहुत रुला रही है काश
होता कोई आँसू पोछने वाला

मुझे जीने की ना तमन्ना रही,
काश...
होता कोई मुझ में जान भरनेवाला

बहुतों से सुना है बुरी हूँ मै,
काश...
होता कोई मुझमें अच्छाई ढूंढनेवाला

पागलों की तरह हंसती हूँ दिनभर,
काश....
होता कोई उसमें दर्द देखनेवाला

किसी को मुझ से कोई लेना देना ही नही,
काश...
होता कोई मेरी खुशी के लिए लडने वाला

मैं किसी को अकेला देख नही सकती,
काश....
होता कोई मेरी महफिल सजाने वाला

मैं हर रिश्ते में दिलो-जान लगा देती हूँ,
काश....
होता कोई मुझे दिल से चाहनेवाला

मैने बहुतों का दर्द महसूस किया है,
काश...
होता कोई मेरे ग़मो मे झाकने वाला

जरूरतो से नाम पुकारनेवाले कहीं है,
काश....
होता कोई मेरी सच्ची आरज़ु करनेवाला

देखता वो अनदेखें जख्म मेरे के,
काश....
होता कोई उनका मरहम बननेवाला

मेरे होने ना होने से किसी को फरक पड़ता नही,
काश....
होता कोई मेरे वजूद को अहमियत देनेवाला

10. वो प्यार कहा मिलेगा

ना हँसेगा ना रोएगा ना वो कहीं खुद को पाएगा
और बिना जिसके हर लम्हा ठहर जाएगा

खुदगर्ज वो तेरी हँसी का दिवाना
तुझ तक उदासी या आने तक न देगा

देख के आँख में अश्क तेरे वो बेमौत मारा जाएगा
तुझे ना आदत ना चाहत पर रब के दर की इबादत
कहेगा

तुझे पेशक़िमती नायाब सा मोती समझेगा
खुद को तेरा कहने पर बेबाक इतराएगा

समझदारी में न बाँध तेरा अल्हड़ बचपना अपनाएंगा
तेरे दिल की हिफाजत उसका पहला मकसद बनेगा

तुझे जरुरत नहीं रब का घर कहेगा
वो प्यार कहा मिलेगा

11. वो तेरा हो जाए

हर जज्बात दबाए सामने उसके आए
और आँखों से इकरार हो जाए
साँसो की बेबसी ना सभंली जाए
धड़कन में तेजी हर बार बढ़ जाए

होश खो कर सारा ना बेहोश तु हो पाए
जीकर वो ख्वाब-ए-आलम बेकरार तु हो जाए
दिलचस्प लगे बातें उसकी और उन
बातों का मुसाफिर बन तु उनमें खो जाए

सोहबत में उसकी हर रास्ता छोटा हो जाए
इम्तिहान सा पढ़े वो तुझे तो; तु खुली किताब बन जाए
पसंदीदा सुरों में उसकी सुरत नजर आने लग जाए
हीर बने तु और रांझे को जगसे छुपाने लग जाए

सीधा कड़वा छोड़ तेरी चाहत टेढ़े मीठे की हो जाए
उसकी आवाज ही तेरे सपनों की परवाज़ बन जाए
उसका नाम जोड़कर अपने नाम से तु शर्मे-बेहाल हो जाए
नायाब सी खुशी तेरे हिस्से आए जिस पल वो तेरा हो
जाए

12. मिठा आगाज़ बनके आना……..

जीने की नई आस बनके आना
दिल में इक विश्वास बनके आना
बहोत रफ्तार हैं जिंदगी में
तुम सुकूनभरा ठहराव बनके आना

बिखरे पड़े जज्बातों को अपने
दूलार से समेटने तुम आना
जान भरके अपनी मुट्ठी में
मेरा हाथ थामने तुम अपना

ता उम्र चलनी है राह साथ सारी
तुम हमसफ़र बनके आना
सरल सिधा लहज़ा है मेरा
तुम मुझे मलंग करने आना

खुबसूरती से संजोना है मुझे रिश्ता
तुम पहले दोस्त बनके आना
आँखों मे आस लेकर बैठुंगी
तुम इनमें प्यार भरने आना

बाँहों का अपनी पहरा करके
ओठोंपर शर्मिली मुस्कान बनके आना

जहां मुझे अंजामो की परवाह ना हो
ऐसा मिठा आगाज़ बनके आना

13. कौन हैं तु

तु प्यार मेरा महबूब भी तु
तु नज़्म मेरी दिल-ए-ख्वाब भी तु

तन्हा इन राहों से रुक्सती भी तु
आंखें तेरी शबनम दिल-नशीन भी तु

इबादत भी है मेरी आशिकी भी तु
रातों का सपना दिन की दिल्लगी भी तु

मन मेरा मदीना अंदर मौला भी तु
आरज़ु हकीकत में दहकता शोला भी तु

सास है तु मेरी और अरदास भी तु
मोहताज इस इश्क की रुह-ए-नाज भी तु

पहले जवाब बाद का सवाल भी तु
अनगिनत कश्मकश का बवाल भी तु

ना पांऊ तो डर पा लू तो ताकद भी तु
मुजरीम अगर मैं तेरी तो अदालत भी तु

जमाने भर की ग़रीबी में दौलत भी तु

गुरूर है मेरा हया का सुरूर भी तु

दिखा कही नहीं बस ख्वाब में है तु
जाने कब मिलेगा आखिर कौन है तु

14. पहला इश्क

कुछ यूँ होता है पहले नए इश्क का अहसास
आँखों में बस्ता है चेहरा; दिल बनाता है राज
मुलाक़ाते बिन बातें इशारों-इशारों में होने लगती है
उसकी हर मुस्कान में सांसें अपनी रुकनी लगती है

वो साँसे कपकपाती सी वो नजरें लपलपाती सी
चेहरे पे आती शर्म मानो खुबसूरत अहसास छिपाती सी
आदतों में आता है बदलाव दिन सपने देखने लगता है
नजरअंदाज करें सामने ये दिल छिपकर उसे ढूँढता है

दुनिया की गीत ग़ज़लें साजिशो में लग जाती है
हर लम्हा लैला बन तु मजनु की तरफ झुकने लगती है
जिस रास्ते से तुम गुजरों वहां कहानी बनने लगती है
दूर कर के हर रिश्ता; इस रिश्ते को आइना बनाती है

हरवक्त वो चेहरा सामने घुमता है इस तरह
तेरे दिल में सुर्ख रंग जैसे उसी के प्यार का हो भरा
बेहिसाब प्यार और बेशुमार खुमार छां ने लगता है
पहला इश्क मुक्कमल हो तो इन्सान जन्नत जीता है

15. तो खुबसूरत तूम !

लाख खुद में उदास हो पर
हसी किसी की बन रहे हो
तो खुबसूरत हो तुम

जो पराया तुझे कर दे
उसे भी अपनेपन से मिल रहे हो
तो खुबसूरत हो तुम

बे-लौस से रिश्ते निभाकर
उन्हे प्यार से जतन कर रहे हो
तो खुबसूरत हो तुम

जंग-ए-जिंदगी में किसी बेबस
का हौसला बन रहे हो
तो खुबसूरत हो तुम

इरादों में सच्चाई रख इन्सानियत
के मजहब पे चल रहे हो
तो खुबसूरत हो तुम

किसी बिखरे को समेटकर उसे
जितना सिखा रहे हो

तो सुनो तो खुबसूरत हो तुम

चेहरे पर बिना शिकज लाए अनकही
मुश्किलो से दो-दो हाथ कर रहे हो
तो खुबसूरत हो तुम.

16. मुझे सब चाहिए

इन्सान हूँ मैं मुझे सब चाहिए
रब चाहिए बाअदब चाहिए
सोच मेरी मुझे बेतोड चाहिए
पा लु मंज़िल-ए-जिंदगी वो मोड चाहिए

रंगीन दुनिया की महफ़िल चाहिए
सुकुनभरा अकेला इक पल चाहिए
आदतें मुझे मेरी बेढंग चाहिए
सरल सिधी है थोड़ी मलंग चाहिए

नायाब सा रुहतक सना इक रिश्ता चाहिए
करीब कोई इन्सान भेस मे फरिश्ता चाहिए
सुबह सांझों मे रोशन मुस्कान चाहिए
सुका ना हो दिल का जहां हराभरा चाहिए

तसव्वुर में सजाई जिंदगी की हकीकत चाहिए
नाराज रास्तो मनाने की इजाज़त चाहिए
मेरे नसीब मे मुझे सारी कायनात चाहिए
मरने से पहले मुकम्मल हयात चाहिए

खुशियों से घिरा अपनो का आशियाँ चाहिए
इनका रख सकु मोल इस लिए गम जरा चाहिए
दिल का अच्छा माँगू तो कड़वा सच्चा भी चाहिए

नेहा केदारे

मै इन्सान बडा भूखा हूँ मुझे सब चाहिए

17. Life सही है....

जहाँ आँखों मे बसते सपने हैं
उनके favour मे खडे अपने हैं
हार के बाद कोशिशें वही है
वहा मेरे यार सुन life सही हैं
जहाँ रुह की रंगत पानी सी पाख है
मुस्कान है मजबुत हौसलें लाख है
चलना आदत है भले ही ठोकरे कहीं है
वहा मेरे यार सुन life सही हैं
जहाँ गम है समां कभी कबार नम है
रब का दर है खुला वहा काफी दम है
इक उन्स है कुछ करने की जो दबती नही है
वहा मेरे यार सुन life सही हैं
जहाँ थकना मानो रोज का चलता है
इक वक्त के लिए सुरज भी ढलता है
पर रुकने के लिए वह काफी नहीं है
वहा मेरे यार सुन life सही हैं
जहाँ सफर ही इतना बेबाक बुलंद हैं
मंजिलों को पाने का कारवा ना बंद है
खुशियाँ रास्ते के हर मोड़ पर दी है
वहा मेरे यार सुन life सही हैं

18. रूकना नहीं हैं

कोई आवाज है जो कह रही है रुकना नहीं है
अब के तोडना हैं जंजीरों को झुकना नहीं है
कहीं नज़रों की उम्मीद लगी है मुझपर
मुझे जितना है उनके लिए अब डरना नहीं हैं
हौसले हारें से लग रहे हैं उन्हें फिरसे पाना होगा
मुझे पुकार रही हैं मंजिलें उनसे वादा निभाना होगा
सब होगा बहोत दुआएँ है साथ मेरे माँ का सर
पर हाथ है मेरे उसकी हँसी की खोज मे जाना होगा
डर से बातें करनी पड़ेगी उसे समझाना पडेगा
तु रोक नही सकता तु मुझसे और कितना लड़ेगा
धुल झटकनी है आँखों से साफ़ करना होगा
मुझे दिमाग और मेहनत से काम करना पड़ेगा
बहोत थक चुकी हु पर मुझे मिटना नहीं हैं
छोड़ के सारी निराशाओं को मेरा उठना ही सही है
यह रातें और उनसे मेरी बाते जारी रहेगी
कुछ भी हो मुझे मेरे अंदर के मुझको मारना नहीं है
कुछ है आदतें उन्हें छोड़ना है अब मुझे
हसीन हैं ख्वाब मेरे उन्हें हकीक़त बनाना है मुझे
शुक्र है रब तेरा तेरी रहमत मुझपे हमेशा से रही हैं
अब फिरसे मेरा वजुद पाना है मुझे

19. मुझे चलते जाना है

रास्ते का हर इक मोड़ जानना है
उसके हर पहलु को अपना मानना है
उम्र लेकर अपनी किसी हसीन
शाम की तरह ढलते जाना है
मुझे चलते जाना है
प्यार से भरा इक प्यारा घर बनाना है
उसमें बसे ऐसा सच्चा रिश्ता कमाना है
टुटते तारे से जमीं के नाते की तरह
ख्वाहींशो संग मुझे मिलते जाना है
मुझे चलते जाना है
पेड़ों की छाँव से सुकून सिखना है
सुरज की किरणों सा क़िस्मत पे तेज लिखना है
जिस जिस चोट से जिंदगी सजती हो
ऐसी हर चोट को मिलते जाना है
मुझे चलते जाना है
निशाओं को उनकी आशाओं से मिलाना है
मुश्किलों को हौसले का अपने दम दिखाना है
खुशबू और रंगो से भरपूर किसी
फुल कि तरह मुझे खिलते जाना है
मुझे चलते जाना है
सुख के साथ दुःख के दिनों को संभालना है
पलड़ा खुशियों का भारी हो ऐसा मुनाफा निकालना है
हर दिन मे नई सिख हो और सिखने के

सिद्धांतों की ओर मुझे बढ़ते जाना है
मुझे चलते जाना है

20. बेहद कर जाती है।

तेरे पिछे खडी होती है;
तो हमेशा तेरी कामयाबी चाहती है।
तेरे साथ जब खडी होती है;
तेरा हाथ थामकर हौसला देती है।
तेरे आगे जब खडी होती है;
तेरा सहारा बनकर आगे ले आती है।
वो अपने पे आती है; तो बेहद कर जाती है।
अपना दूध तुझे पिलाकर;
तेरे नसनस में खुद को भर देती है।
हर काम हर कोशिश मे;
तेरा हसता चेहरा देखना चाहती है।
उसका प्यार बयाँ कर सके
ऐसा शब्द नही बना क्योंकि
वो औरत माँ कहलाती है।
वो अपने पे आती है;
तो बेहद कर जाती है।
जो सबके लिए बड़ी धाकड़
बड़ी बेपरवाह बनी फिरती है।
पर कही बार बात अपनो पे आए तो;
खुदके लिए सोचने मे कंजूसी कर देती है।
वो अपने पे आती है; तो बेहद कर देती है।
रूबरू बड़ी कडवी खुद को
दिखाकर अंदर ही अंदर तुझे;

जिगर का तुकडा कहती है।
बेहन अनोखा रुप औरत का;
कुत्ता तुझे कहकर खुदको
Animal lover बताती है।
औरत अपने पे आती है;
तो बेहद कर देती है ।
प्यार बरसाए तो तेरी दुनिया मे ;
हरतरफ बस खुशियों का सावन लाती है।
और अगर नफरत पे आए तो
वही सावन मे भिगने के लिए
तुझे बडी बेकदर बन तडपाती है।
वो अपने पे आती है;
तो बेहद कर देती है।
तेरे हर अच्छे वक्त मे हो ना हो ;
पर बुरे वक्त मे तेरा ख्याल रखती है।
तेरे आंसू गिरने से पहले;
उन्हे मोती समझ अपनी माँग मे सजाती है।
तेरा सहारा बन हरवक्त वो तेरे
साथ बड़ी मजबूती से खडी रहती है।
वो तेरी संगिनी तेरा साथ किसी
भी हालात मे ना छोडती है।
वो अपने पे आती है; तो बेहद करती है।

21. मेरे देश की रंगीन है कहानी

मेरे देश की जरा अजीब

है पर रंगीन है कहानी

जहां ईसाई और बौद्ध दूल्हन

सफेद लिबास जाती है पहचानी

वहीं रंग सफेद साड़ी का बनता

है हिंदू विधवा की निशानी

मेरे देश की जरा अजीब

है पर रंगीन है कहानी

रंग हरा अल्लाह की चद्दरों में

चढ़ता और लगता नूरानी

वहीं हरे रंग का चूड़ा और साड़ी

देवी माँ को पढ़ती है पहनानी

मेरे देश की जरा अजीब

है पर रंगीन है कहानी

रंग केसरिया भिक्षुक के चिवरो और

जाट की पघ़ में दिखता आसमानी

झंडा फड़कता मराठा केसरिया

आसमां में लगता है जुनूनी

मेरे देश की जरा अजीब

है पर रंगीन है कहानी

हर रंग हरा मजहब का हिस्सा

फिर भी किसी एक रंग को पहचान

कहते ऐसी सोच है हमारी दिवानी
मेरे देश की जरा अजीब
है पर रंगीन है कहानी

22. रफ्तार..

कठीण है शांत पानी की गहराई समझना
खाली साये को बे-लौस परछाई समझना

जितनी बार मुकरेगा तु अपने हालातों से
तु ने लड़ने की कसम दोहराई समझना

लडना फितरत हो तो जिने मे आसानी होती है
नाकामयाबी मे सिर्फ बेबसो की आंखें रोती है

तु बस मे रह अपने रुखसत कर खौफ सारे
तेरा हार मान के जिना तेरे ख्वाबों के लिए पनौती है

हर हार के बाद कहना सिख एक और बार
जुटा हौंसले संभाल मेहनत-ए-कारोबार

नजर तेज रख इन आँधियों में धुंधला नजारा है
चल दौड और पिछे छोड अपनी खुद की रफ़्तार

23. मैं कौन हूँ.....

सोच मे डूबी पहेली हूँ; या
इस अकेलेपन की सहेली हूँ।
मैं कौन हूँ।
सब रोशन करे वो ज्योत हूँ; या
सब भस्म करे वो आग हूँ।
मैं कौन हूँ।
ख्वाब देखता इस शरीर का अहम
कोई अंग हूँ; या मुर्दा हूँ बेरंग हूँ ।
मैं कौन हूँ।
सबकी खुशियों का हल हूँ; या
खुदकी खुशियाँ ढूंढता पल हूँ।
मैं कौन हूँ।
हररोज आनेवाली पाख मेहरम सेहर हूँ; या
ओढ़कर ले जाए वो सागर की लहर हूँ।
मैं कौन हूँ।
आसमाँ जिगर मे रखती ख्वाहिश हूँ;
या नाचती कठपुतली जैसी
इन उंगलियों की पैदाइश हूँ।
मैं कौन हूँ।
हिम्मत का लोहा मनवाता दम हूँ; या
कमजोरी मे दब के जिता गम हूँ ।
मैं कौन हूँ।
सपनो मे जिंदा धडकती कोई धडकन हूँ; या

हकिकत मे सुलगती कोई तडपन हूँ।
मैं कौन हूँ।

24. लेहर

दुनिया कहत है कि कुछ हूँ मै
पर असल वह मोहें न जानत

बस देखत बाहरी चमक सारी
अंदर की ख़ाक न पहचानत

उम्र सारी वक्त संग मेरे रंग
और युही गहरे करी जावत

एक होकर बैठन मे कुछ घड़ी
सुन्न सी ना सुध आ पावत

कहे सास खोखली जो राहत
ना मिली तो क्या करना तु चाहत

रुका सब घटा देख बनी लहर मै
ना रुकी बस बहना ही जानत

25. मैं से बातचीत......

जब कभी यह दिल ठहर जाए
रातों को अंजाना डर पलके भिगाए

मंजर अपना धुंधला नजर आए
दिल को कहें चलो खुश रहा जाए

कुछ चीजें भुली जाए तो अच्छा है
फ़िक्र किस बात की जब दिल सच्चा है

आदतों मे प्यार और थोड़ा भर दें
जिना आसान हो जाएगा लगा लो शर्तें

रिश्ते बेवजह कसमों मे ना बांधों तुम
भीड में अलग से चमको जैसे चांद हो तुम

मन करे बेजार उन रस्मो से वास्ता न रखो
आँखों मे पाखपन भरो रुह से अच्छे दिखो

साथ-ए-साक़ी का शिद्दत से निभालो
मोहब्बत-ए-दास्ता के सपने सजालो

सोच बेखौफ़ँ रख राह इन्सानीयत चलनी है
जोड जोड के हर मोड जन्नत-ए-जिंदगी खिलनी है

26. सलाह!!!!

यह इश्क़ के रास्ते है नासाज़ से क्या कीजे
चलने वालो को पड़े जलना तो क्या कीजे

घुटन का कारोबार कहो या मौत थोड़ी थोड़ी
यह क़ैद खुद लगे ना जाए खुद से छोड़ी

इस में खुद का वजूद खोने लगता है इंसान
इस मे ना खुद का ना जहाँ का रहता है इंसान

इकतरफा हो तो जख्मों का क्या ही कहना
आंसुओं की कीमत ना कोई रोज का हो बहना

कोई डोर हो बंधी जो खींचे और ऐसे खींचे
ले जाए याद-ए-बवंडर मे दिखें सब आँखे मींचे

मोहब्बत को चुनो नहीं ना दर्द माँगने जाओ
मियाँ समझदार बनो यहॉ बैठो चाय पियो आओ

27. सब छोड़ जाना है.....

क्यों भाग रहे किस ओर इन्हें जाना है
साथ क्या आएगा अंत मे सब छोड़कर ही जाना है

दिलों से पुछो किसके क्या मायने है
यह चहरा है पहरा वरना मन को ना कोई आईने है

गुमराह हर राह हो भी जाए तो क्या गम है
मिलना वैसे भी नसीब का है आँख खामखाँ नम है

मंजिल-ए-गुफ्त्गु का दायरा ही बेफिजूल है
सिर्फ जाता पल सच है बाकी सब आँखों की धूल है

कहते है मरने के बाद बनते हम सितारा है
वहा भी झिलमिलाते रहते कहा शांती का कोई किनारा है

जिंदगी जीने क्या हिसाब कैसे तोलो गे
weekend का कुछ plan करते है इतना ही बोलोगे

इतने मजबुर क्यों की सिर्फ इतवार को जिओगे
बचपन जो तुम्हें special बताता था उससे क्या कहोगे

रुह से मिला करो खुद की जानो अंदर क्या है
जिम्मेदारी के बोझ मे डुबा इच्छाओ का समंदर क्या है

28. साहेबा

हीर नु लबदा ना रांझा कोई
वो रोई रोई दिन रात ना सोई
किन्नी दूर चली झल्ली कल्ली कल्ली
ओहनदी चाला वेख रोई गल्ली गल्ली
मुटीयारेनी हूँन आसराच ढुंढती फिरा
ओहनू लोढ ना जगदी चाईदा ए प्यार निरा
चली गगन नु फिरी चमन ते
मिलेया ना ओहनू औंदा अमन जे
इक आस नु बांध आसपास ओह खोई
ठगेया जे रास्ता रोकन नु ओह चुप वी होई
पर रूकी ना मरजानी दिवानी की कहा
हर हाल ते दटी रही जी मरजांवा
रब जी बस करो ओहनदे तकलीफा आजमान दी बारी
दे दो ओहनु ओहनदी यारी जो है प्यारी न्यारी न्यारी
हर खुशी पौना ओहनदा चंगा हक जे है
प्यार नाल नवाजो ओहनानु ओहनदा लक जे है
राम दी ना सिता ओह गंगा समान नदी होई
पाप सारेयांदे धुलदी ओह फिर बहन नु खडी होई
करतबा ओहनदी बोले वक्त रोक सकेया है को
वो आई जग ते खुलने नु ओह शेरनी साहेबा होई

29. मुझे आता नहीं

सितारों से छलकता आसमां ना सही
मुझे डराए वो सोच का समां यहाँ नहीं

यहाँ लोग हैं बातें हैं हलचल करते नाते है
मन की खामोशी जाने वो रिश्ता नहीं

बस्ता हर कोई इन आँखों में है बस
मेरी रुह में घर अब कोई करता नहीं

सस्ता सा जज्बातों का इश्क जानती हु करना
मुझे महँगे तोहफे से महबूब नवाजना आता नहीं

बदलता रंगीन मौसम जानता है कहानी मेरी
सफेद दिल है मेरा; रंग बदलना मुझे आता नहीं

पर बेइमान भी दिखती हु खुद के लिए के
मुझे मेरे ही दिल की बात रखना आता नहीं

खुशमिजाज और सुकून का अकेलापन होता है मेरा
भुल गई गम के उस से लिपटना मुझे आता नहीं

हालात का मज़ाक़ उड़ेगा बात यह आश्ना सीं है
ज़मीर की आए बात तो चुप्पी रखना मुझे आता नहीं

30. खुशीयों में आसानी रख

कुछ नासमझ सी उलझन भरी बातों पर
गौर कर आंखों में ना पानी रख

कुछ अपने अलग बन बैठे हैं तुझ से
तो उनके साथ अच्छे यादों की निशानी रख

अपना हर कदम प्यार से चलकर
आदतों में नफरतों की रवानी रख

तेरा कोई हो या नहीं तु सब का है
इस सोच से शख्सीयत अपनी आसमानी रख

लबों पर हँसी को जमाकर कुछ
गलत बातों से खुद को बेगानी रख

बड़ी बेरुखी अपनों की तेरी ओर आए
उस से मिलते वक्त इमान पाख रुहानी रख

मिलता है जहाँ प्यार तुझे उसे अहम कर
उस के साथ अपने रिश्ते की निगरानी रख

सीधा चलता नहीं कही कामयाबी का रास्ता

थोड़ा टेढ़ा चल और अपनी भी दिवानगी रख

जलाकर सारी उलझनें अंधरुनी
मनमानी थोड़ी करके खुशीयों में आसानी रख

31. यह आँखें

इन रातों की गहराई नापने
फिर चली है यह आँखें
नंगे पांव दौड़कर न जाने
कितने ख्वाब लाई है यह आँखें

हर आंधी में नजरें तेज रख
रस्ता निकाल रही है यह आँखें
गिरी हुई भी तो बिखरे हौसले समेट
फिर सुख रही है यह आँखें

कुछ शिकायतें कुछ आरज़ू लेकर
हर लम्हे पर न्योछावर हो रही है यह आँखें
मायुस कहे प्यारे से गड़ चुके किन्हीं
अरमानों को फिर से कुरेद रही है यह आँखें

बाहरी सीमाएं न रोक पाएंगी इन्हें
जानकर मुस्कुरा पड़ी है यह आँखें
जिंदगी को समझना छोड़ जिंदगी
जीना सीख रही हैं यह आँखें

32. तेहजीब

वो कहते है कम हसाकर
वो कहते है चुपचाप सुना कर
तेरी अपनी सोच दबाकर
तु हमारी शर्तों पर गौर किया कर
बड़े संस्कार है हमारे
छोटी तेरी आवाज रख
खुद तक भी ना पोहोचे दे इसे
और यही आदत बनाकर जिया कर
आंखे चाहे चाहे जितनी मर्ज़ी हमारी
हर जगह घूमे;
तु बस खुदको ढकने पर गौर किया कर
और फिर भी कुछ गलत है तो तु लड़की है
यह समझ कर जिया कर
तु रुप है औरत का घबराहट
विरासत मे लिखा कर
तु दौड़ नही सकती ना भाग सकती है
तु बस खुद को छुपाया कर
आद्रमखोरी हम से ना जाएगी
तु हमारा गोश बनने से बचा कर
सुरज शाम का दिखने के बाद
दहलीजों को ना लांघा कर
मरना तुझे ऐसे नही तो वैसे है
या तो हमारे हाथ लग कर मर या

हर वक्त डर मे रहकर मरा कर!

33. अधुरी हूँ मैं

किसी के हाथों ने नहीं मेरे हौसले ने
उठाया हर बार जब गिरी हुई मैं
सख्त इतनी बन गई लगता है
चट्टानो के इरादे से भरी हूँ मै

बदलाव कड़वी दवाई बना है
पीकर इसे मरम्मत खुद की कर रही हूँ मैं
मुकाम कुछ गहरा हासिल करना है
तो हर इम्तिहान का सामना कर रही हूँ मैं

मुश्किलों की आँखों में आँखें डाल
हसकर उन्हें डरा रही हूँ मैं
कही परेशानियों से गुजरकर बस
सच को सात रख के चल रही हूँ मैं

खुद से खुद की यह जंग बड़ी देर तक चली
अब हर जंग से तंग हो चूकी हूँ मैं
हर बार सारे हिसाब किताब जोड़
दिल और दिमाग के दौराहे पर आ रुकी हूँ मैं

भीड के बदलते रंग देखकर
अकेले खुश रहने लगी हूँ मैं
बचपना मार डाला है जमाने ने

खोखली समझदारी में जीने लगी हूँ मैं

हाँ आधी हूँ अधुरी हूँ इसलिए चल रही हूँ
और इसे हथियार बना के जंग लग रही हूँ मैं
पुरा होने की जल्दी रही नहीं अब
के हर पुरी चीज़ खत्म होती देख चुकी हूँ मैं

34. तु चलता रहे

ये जलते रहेंगे तु चलता रहे
ये सड़ते रहेंगे तु फैलता रहे

तु आग है मोम ना बन
कर वहीं जो कहता है तेरा मन

औकात नहीं के तेरे अंदर
यह झांक के देखें
मर जाएंगे अगर तेरा दर्द
यह जी के देखें

फक्र कर जैसा भी है तु बड़ा
मजबूत खड़ा है
कुचली जाती है मिट्टी तब
बनता घड़ा है

कौन हैं जो तुझको हरवक्त
नापते रहते हैं
तेरी जगह पर होते तो
काँपते रहते ये

35. डर

क्या है वो खोज रही है अब से
आम है बेनाम है सुन रही है वो सबसे
मायुसी में भरी परेशान हैं वह कब से
घबराई सी डर के जिती है वह सबसे

रख चलती है विश्वास वह खुद पर
कुछ नासाज आवाजें रोकती है डटकर
प्यार बन पड़े उतना करती है न्योछावर
बारी उसकी हो तो मिलता है नफरतों का भवर

माँगती कुछ नहीं वो बस पल दो हमदर्दी के
मिलता उसे न वक्त किसी का न पल हमदर्दी के
बस कर्म करती है ना हक़ अपना मांग पाती है
उसकी बोली लोगों में राहत-ए-तसल्ली दिलाती है

कुछ अरसे पहले अकेले में नाचती थी वो
जिंदगी को जश्न की तरह जिया करती थी वो
हर गाने-तराने को अपना समझती थी वो
फिल्मी किरदारों जैसी जिंदगी जीती थी वो

अब वो बस रोने की शौकीन हैं
रात दिन सोने की शौकीन हैं
सो कर दर्द मिटता नहीं बताए उसे

अश्क मिटाएं उस के न रोने दे उसे

महफ़िलों का डर हटा दें ए रब
उसे जिंदा रहना सिखा दे ए रब
इस जग में घुलने की हिम्मत मिलेगी उसे कब
डर छोड़ उसे हिम्मत दिला दे ए रब

36. घर की बड़ी बेटी

सब मिला है जो कुछ नहीं सा है
आँखों में गिला है और गम वहीं सा है
वक्त बस काटने की फ़िक्र सताती है रहती
मैं हस्ती हु पर आइना क्यों दिखाएं रोती छवी

क्यों ख्वाहिशें खुशीयों संग इस कदर जुड़ी है
नहीं जानती ये इनसे दूर अपनों की खुशी खड़ी है
सवाल इक मेरी रुह चीख चीख के पुछ्ने लगी है
यह सबकी ख़ुशी खोजती आँखे क्या खुद की सगी है

किसी के आँसू के कतरे से तु अंदर तक हील जाती है
खुद के आँसूओं को रोज की खाक समझ लेती है
उम्मीदों से भी ना उम्मीदगी की बु आने लगी है
झुठी खुशी का चौला ओढ़े मेरी सर्दी कटने लगी है

फर्जी आदतों में रह कुर्बानी चुन रही है तु
खिल-खिलात इस रुह की कातील बन रही है तु
क्यों खुद से खुद को यह धोका दे रही है तु
घर की बड़ी बेटी है तो क्या खुद की खुशी खो रही है तु

37. कर्म अपने करते जा

सच है तेरे साथ तु बेखांफ चलता जा
ना डर इन काँटों से फुल है तु खिलता जा
कर्म अपने करते जा

न सोच ज्यादा मुश्किलों को
इन से कौडीयों सा खेलता जा
समंदर सी अच्छाई है तुझ में
झरनों सी बुराईयां रुसवा करता जा
कर्म अपने करते जा

तेरे लफ्ज़ है महंगे सस्ते
दिलों पर ना खर्च करते जा
बोलेगा तेरा वक्त; वक्त पर
तु ध्यान मेहनत पर लगाते जा
कर्म अपने करते जा

पाख रख के रुह अंदर का
शैतान मारते जा
नफरतों को सींच प्यार से
मनमुटाव मिटाते जा
कर्म अपने करते जा

38. प्रसन्नता का आभास

जीवन प्रतिदिन आवत मोहे द्वार
कहत जी के देख मोहे इक बार
पर सांस नकचडी ना
सुनत कछू जानत
अपना रोना नाही खोलत
खुशियों का द्वार
क्या ना मिला उसी की
बत्तियां यह करत जात
मानत शुन्य सार सारा जो
लागा अबतक हाथ
रात में जिती निकालती
कमीयाँ यह रानी
ठूकरा कर आती यह
विविध आशा की प्रभात
बाँध गाँठ अडीयल अपनी
धुन लगावे इक ही ग्लानी
यह ना मिला वह ना मिला
रटत जात इक ही कहानी
अमृत सम जल आवत इस
के घाट प्रतिदिन पर
मुरख ढूँढत जात साधारण
सागर का खारा पानी
सत्यवचन एक पुरी आयु

रख साथ सदैव संभाल
जो स्वच्छ हृदय से चालत हर
कठीण मार्ग अपनी चाल
कुचली जात है जब माटी
तब बनत है गागर मित्र
कुछ इस प्रकार मिलता फल
और साथ आता है काल
सतत परिश्रम संग धीरज
रख करत मन संतुष्ट
नाही रहत भय तोहे किसी
परिक्षा का हो जात बाधा नष्ट
जीवन मंत्र यह जपत जो जन
कर पावत शय ...

39. कंकड़ों में हीरे...

यहा भीड़ काफी है, हर रंग की रंगत
इन नज़रों ने भांपी है
सारे जिंदगी में जिंदगी से घिरे हैं
किसको पता इन कंकड़ों में शायद हीरे हैं
अगर हो ऐसा की कंकड़ों में दब
जाए नायाब सा हीरा कोई
आम पत्थर ही रह जाएगा ना
होगी उसकी कीमत कोई
कहा से कहा को वह उछला जाएगा
कुचला भी तो जाएगा
क्या उसे कोई पारखी नज़र देखेगी
क्या उसे कोई जोहरी ले जाएगा
पता तो नहीं उसकी कहानी पुरी;
पर सारे सरींखो में अलग
अगर उसे बनाया गया है
तो ताज ना सही उसका पत्थरों में
चमकना चुना गया है
तो वहीं बस वो काम करें जो सबको
लगे मुश्किल वहीं बस वो नाम करें
ठौर ना हो किसी एक जगह से चमकने का
जँहा जँहा गिरता पड़ता जाए
वहाँ चमक़ाहट सरे आम करें
बक्शा अगर किरदार खुदा ने ऐसा हैं

तो चले राह ऐसे ही युहीं हऱफे खुबसूरती
भरे

40. सिन्दूर

तेरी पनाह में शामें कटने की आस है
कही ओर नहीं यह दिल तेरे पास है

हर चाहत अब तुझसे जुड़ी है
राहतें सारी तुझमें छिपी है

मेरा हरदम तेरा मरहम हो
मेरी आवाज़ में तेरी सरगम हो

हर रिश्ता मेरा गिरवी हो जाए
नायाब तु इक गहना मेरा हो जाए

चाँद तु तो तारे माँग में सज जाए
जिस दिन तेरा सिन्दूर इस मथ्थे लग जाए

41. चाँद और मै

आज छत पर आयी मै अकेली
मेरे चाँद की बनी मै सहेली
तकती रही उसे मनभर के
मानो बेसब्री दिल की रास्ते
छोड चुकी थी डर के
उस का नूर सारे चेहरे पर छाया
धड़कनों को खुश कर
आँखों को चमकाया
जाना तब मैने मुझ मे
इक बच्चा जिंदा हैं
चाँद की चकोर सा कोई
इसमें बसा परींदा है
कुछ यु हुआ के चंदा संग
गुफ्तगू शुरू हुई
चाँद और मेरे ख्वाबों की
शनासाई शुरू हुई
साथ उस के भुल चुकी थी मै
के तारे भी यहा थे
खुबसूरत कोई और
नजारे भी यहा थे
वो मध्धम सा आधा पुरा
होने जा रहा था
जैसे मेरे एहसास मेरे जज़्बात

आजमा रहा था
वो भी मानो खुदको मुकम्मल
अंजाम देना चाह रहा था
मेरे हौसलो को चाँदनी से अपनी
चमक देना चाह रहा था
सुना है उसमे भी दाग है
मगर नजर ना आए
लगता है चोंटे खायी है
उसने जो वो छुपाना चाहे
लाखों मे तनहा वो सफेदी सा खरा है
उसे अँधियारा फलक तक प्यारा है
ठंडक बेहद हैं उसमे वो शांत मालूम पड़ता हैं
बस चाँद पनाह हो सुकून मनो जर्रे जर्रे में बढ़ता हैं

42. चाँद क्यों तु अपना-सा लगता है

हर कोई पास है मगर दूर सा लगता है
चाँद तु दूर हो कर भी पास सा लगता है
घनघोर काली रात के उजाले सा लगता है
चाँद क्यों तु अपना-सा लगता है

मेरे सपनों का अलग अकेला गवाह सा लगता है
मेरे आँखों के पानी की दवां सा लगता है
रातभर तक़ता है किसी आशिक सा लगता है
चाँद क्यों तु अपना-सा लगता है

मन के शोर मे राहत-ए-सुकून सा लगता है
रुठे लबों पर लौटती मुस्कान सा लगता है
नादान किसी बच्चे की हसरतों सा लगता है
चाँद क्यों तु अपना-सा लगता है

दिन के झूठ से परे रात की सच्चाई सा लगता है
कठोर दिल में पनपती अच्छाई सा लगता है
जिस्म मे खुबसूरत रुह की कमाई सा लगता है
चाँद क्यों तु अपना-सा लगता है

इन्सानों के मकानों में तु मुझे घर सा लगता है
बंजर से मन पर खिलते फुल के असर सा लगता है

इरादों का पाखपन मानों रब के दर सा लगता है
चाँद क्यों तु अपना-सा लगता है

43. अलग दोस्ती

दोस्त मिला है तुझ मे
ना तेरे संग प्यार की बात है
सुकून है तु मेरा ना तेरे संग
किसी दर्द की औकात है

मेरा तु इश्क नहीं वो तो
कम्बख्त रुलाता है
तु खुशी का है ठिकाना,
जो लबोंपर मुस्कान लाना है

ना तु धोखे में रखेगा
ना वादो संग मुझे तोडेगा
हमसफर नहीं हमराही बन
दूर से ही सही तेरा मेरा रास्ता जुडेगा

तुझे मेरे और मुझे तेरे
आखों के आसुओं से डर होगा
इस रिश्ते का नाम दोस्ती का प्यार
कह के ही अमर होगा

ना जिस्मों की भुक़ होगी ना
होगी क़समो की पाबंदी
होगी इस मे सिर्फ एक दूसरे के

नेहा केदारे

फिक्र की रजामंदी

44. इश्क़ वैसा रहा नहीं!

ए दिल ना दिल के रिश्ते बना
के अब इश्क़ वैसा रहा नहीं

अब शक़ जोरो शोरों पर है डर है ज्यादा
के अब भरोसा वैसा रहा नहीं

नहीं जानते आज के आशिक कुर्बानियाँ
बे-लौस इश्क़ अब सहा मिलता नहीं

कोई देखता नही साथी मे घर अपना कोई
मोहोब्बत को जिंदगी अब मानता नहीं

अब दिल्लगी करते है सब के इन को दिल से
दिल की लगी का अंदाजा हो पाता नहीं

किसी के जिक्र से उसकी फिक्र सताना
यह बात थी तब की अब वैसा कुछ होता नहीं

आते है तुम्हारी काबिलीयत देखकर पास
के अब गलतियों संग कोई अपनाना चाहता नहीं

कुछ चिठ्ठीया कुछ लफ्ज़ और उन लफ्जों में

अपना सारा प्यार कोई लिख पाना नहीं

काटना कटवाना नाम है आजकल इश्क का
के रुहों मे बसने वाली मोहोब्बतो का सिलसिला दिखता
नहीं

ए-दिल ना ढूँढ मिर्जा-साहेबा और हीर रांझे सा प्यार
के अब इक बक्त के बाद कोई रिश्ता टीक पाता नहीं

45. शाम

शांत धिमी नमी मे थमी सी यह शाम
हवांए लहराती जुल्फे सहलाती यह शाम

पलको में रंगीन आसमा समेटती यह शाम
आसमाँ की बुलंदी तक छांती यह आजाद शाम

ग़रेबा से रूबरू कराती रुह दारी वाली शाम
कैदे खोलती मुझसे मेरे रूक़सती वाली शाम

ना किसी की रंजीश मे है; है सिर्फ मेरी शाम
दिल है दामन कोई उसमें फूल बरसाती यह शाम

चाय की सिस्कीयों संग मुश्किलें भुलाती शाम
सुबह और रात इन दो किनारो को जोड़ती शाम

पहचानो से परे खुश और गुमनाम है मेरी शाम
ना खैर ना बैर रखती सच्चे दिल सी सच्ची शाम

सपने कही पालती स्वाहीशों को उछालती शाम
सुकून-ए-सबाह में तैरती जाती खामोश शाम

ना यादो में ना वादो मे चंद एहसासों में बांधती शाम
इस दुनिया से दूर मेरी दुनिया की तस्वीर दिखाती शाम

46. बेहतर है

मेरे छोटे कपड़ो से ज्यादा
तेरी छोटी नीयत मिटाना बेहतर है
मेरा रात मे हक़ से घूमना और तेरा रात
दिन मे फरक ना करना बेहतर है
मेरा हाथ पकड़ना यानी साथ निभाना है
तेरा मेरे गले तक ना आना बेहतर है
मेरा मुझसे घुल-मील जाना मतलब
मेरा विश्वास जो मिला है उसे ना
तोडना बेहतर है
तु खेले मेरे साथ मै वो खिलौना नही
तेरी तरह इक जिंदा इन्सान हूँ यह
समझना बेहतर है
मेरे हर लफ्ज मे गलत इशारा नही सच्चा
कोई सहारा मिला है यह समझना बेहतर है
और बेहतर मे ही बेहतरी है
अगर नही तुझे बरदाश्त यह बेहतरी
तो तूटना तुझपर मेरा कहर है
मैं हूँ लक्ष्मी ; हूँ सरस्वती तो हूँ चंडी भी!
उतारना आता मुझे हर जहर है.

47. बंद दिल

सुन के सबकुछ सुन्न हूँ मै
क्या थी क्या हूँ क्यु मौन हूँ मै

रब तुने बनाया है वो इन्सान कहा है
दिलो में रहता सच्चा इमान कहा है

रगो में पाखपन की फितरत नही रही
किसीको अपना कहने की इजाजत नही रही

सब भ्रम है सब धोका सब धुवाँ ही धुवाँ
मर जाऐंगे नाजुक दिल ना साफ दूई यह हवाँ

अब डर पहले होगा परखना होगा शक भी होगा
ऐतबार को रख के अंत में यह सब करना ही होगा

अब दिल के इरद-गिर्द कोई आए तो गुनाह होगा
मैं नही मन उलझाऊँगी रब ने सब सही बुना होगा

अब दिवारें रखी जाएंगी जिन्हे भेदना नामुमकीन सा हो
रुह से नजदीकीयाँ बंद मेरी सिधापन ना तौहीन सा हो

अब लफ्जो पे नही हरक़तो पे गौर होगा
वहम नही किस के लिए अहम हु इस पर जोर होगा

48. बेमिसाल बन....

आग बन राख नही
साफ कर माफ नही
तेरा सहने कि ओर कदम
तेरी शक्सीयत ही खतम
उठ जा दम दिखा दे
जिंदा जान है सबको बता दे
लड़की होना लगे गाली
इस से पहले इन हैवानो की
औकात इन को दिखा दे
दो उनके है तो दो तेरे भी हाथ है
सहारा ढूँढ मत जब
तु खुद के साथ है
जितनी नजाकत है
उतनी मर्दानी तु बन
और दफना दे इन साले
हरामियों का हरामी पन
हर गलत हाथ छुने से पहले
क्यो हाथ उठता नही तेरा
देखकर एक का बेसहारापन
डरता है हर लड़की का
आने वाला सवेरा
छोड़ देना इस डर को
और राहे अब सक्ती की चुन

पौछ दे इन रोनेवाले आंखो को
बेबस नही बेमिसाल तु बन

49. आहट

एक अजीब सी लहर है
खुशी है मानो रब की महर है

अड़ीयल सी बाते बड़ी धीट है
अलग है पर मेरे मन की मीत है

आयी है ना कभी छोड़कर गई है
मेरे साये सी है पर दिख नहीं पाई है

हँसी, गुस्सा, नमी हर रंग की रंगत है
हया है ही नही बड़ी बेशर्म संगत है

बेपरवाह सी हरकतें रुकती नही है
पर परवाह भी है जो छिपती नहीं है

जुनूनी जस़बा महसुस तो होता है,
टेढ़ापन कभी कभी डरावना लगता है

हक्क मुझ पे मुझसे ज्यादा जताती है
है तो बदमाश भी काफी सताती है

मेरे ख्वाबो की अर्जी मानो वहा बुनी है

एहसासों की अजब कहानी बुनी है

यहाँ वहाँ हर जगह बस वो ही वही है
इक आहट है बस जो दिखती नही है

50. मुकम्मल इश्क़

आसानी से नही मुश्कीलों से यारी करता है यह इश्क़
साथ के लिए जमाने से सारे बैर उठाता है यह इश्क़

तानो को सुन के अनसुना करता है बहरा है यह इश्क़
दिल का रास्ता चुन अपनों से लड पडता है यह इश्क़

दिन ब दिन दर्या सा गहरा होता जाता है यह इश्क़
इक दुजे वास्ते जाने क्या क्या हारता है यह इश्क़

मरता है और जरुरत आने पे मारता है यह इश्क़
जिम्मेदारी ए जानम को निभाता है यह इश्क़

महबूब की ज़र्रे ज़र्रे में मुसलसल बहता है यह इश्क़
दाग लेकर कहीं इक वक्त बाद साफ दिखता है यह इश्क़

बहोतसी कड़वाहट मे मिलकर मिठास पाता है इश्क
जमाने से परे अपना छोटासा जहाँ बनाता है यह इश्क़

हर गर्मों से गुजरकर अंधरूनी खुशी पाता है यह इश्क़
लड झगड़ कर रोकर हसकर मुकम्मल होता है यह इश्क़

51. हौसला जुटा नहीं पाती

गुजरी उम्र का अगर लगाए हिसाब के
क्या हासिल हुआ क्या खोया
जीने का यह भी पहलु है के
अंधेरे में छोड़ देता है खुद का भी साया

देखा जाए तो सब मेरे है पर
देखु सच में परख के तो मेरा कोई नही
दर्पण बताए सिर्फ तु है तेरा
इतना सा है सच तेरा और कुछ भी नही

रिश्तो के जमाने के बहुत से वहम
पाल रखे थे मैने वो टूट चुके है
इक बच्ची भी मुझ में खिलखिलाती
सी उसके सारे सपने रूठ चुके है

हौसले थे जिसके पर्वतों से भी बुलंद
रखती भी हर चीज को बदलने का दम
अब बस इतना ही है काफी के संभाल
सके खुदको जबतक छाए है यह गम

होती है बाते चार दिवारों से
अब लाख गुना गहरा है इनसे रिश्तां मेरा
चाहे लगाए नकाब जितने नकली

पढ़ते है असली चेहरा मेरा

मेरे आदतो मे शामिल कर ली है मैंने
हसते रहने की अजीब हरकत जब से
मानो दुनिया ने हमे समझ लिया है बेअसर
देते है और भी दर्द यह लोग तबसे

जो पहले थी उसे देख नही पाती
मुज़रीम हु उसकी आंखें मिला नही पाती
मैंने किया है गलत उसके सारे अरमान तोडे है
चाहती हु मद्द करना पर हौसला जुटा नही पाती.

52. Ignorance

तु रोता है अब के इतना दिया लोगो को आखिरकार
अकेला रह गया
और माँ-बाप का बुढ़ापा आया बेटा अपने बच्चों में
मशरूफ हो गया
अब कर बराबरी तुने कितना दिया और उन्होंने क्या नही
दिया होगा.
अगर कर भी ले हर हदतक कोशिश उनका पलड़ा भारी
ही होगा
तु रोता है साथ रहते है साथ होते नही तेरे यह दोस्त
दो-चार दिन के
उन की क्या हुई होगी हालत जिनकी निकली पुरी
जिंदगी घर बनाने में जिनके
रोक के रख आसुंओ को अभी बुढ़ापा तेरा भी आना है
इन के ignorance से टूटता है तु अभी तुझी अपनी
औलाद का ignorance झेलना है
इस से बात यह पता चलती हैं जिंदगी में आसानी नही
मुश्किलात बढ़ते जाते है
और हम बेअसर नही होते मान लेते हालातो को सहना
सिख जाते है
इसलिए लोगों को अपना कहना और उनको अपना मानते
रहना यह choice तेरी है
ना मांग उन से वैसे ही रिश्ते यह तु है दिल तेरा है
आदत तेरी है

या तो आदतें अपनी बदलना सीख थोड़ा क़सले दिल को
और मजबूत रहना सीख

या तो आदतें अपनी बदलना सीख थोड़ा क़सले दिल को
और मजबूत रहना सीख

53. मेरा इश्क

आसमान साफ मेरा इश्क
तु आजाद पंछी सा उड़ता रहे

कोई दूवा या ताबीज़ सा मेरा इश्क
खुशहाल तु बरकत सा बढ़ता रहे

मेरी दास्तां में दिल के टुकड़े हजार है
वो जुड़ जाए अगर तु मुझसे जुडता रहे

तेरे लिए दुनिया से लड़ते हैं जानम हम
बात तब रंग लाए जब तु मेरे लिए लड़ता रहे

वैसे टिकता नहीं इक अरसे बाद साथ मेरे कोई
जीवनभर साथ तेरा मुझे मिलता रहे

मेरे जज़्बातो का हालातों का कद्रदान बने तु
ये दिल तुझमें अपनी कायनात खोजता रहे

इक घर तेरा मेरा जिसमें प्यार का बसेरा
सपना यह सच्चा तेरी आंखों में भी पलता रहे

रफ़्तार का शौकीन है तु; तो मैं दौड़ तेरे संग
पर मेरी पसंद ठहराव है तो; तु मेरे लिए ठहरना चाहे

54. वापस आओ ना

सुनो तुम लौट आओ ना
पहले जैसी बन जाओ ना
बेपरवाह और खुश थी तुम
फिर वही रंग बरसाओ ना

तुम दोस्त थी नीडर बातो की
गैरो से ना सही खुदसे वैसे बतलाओ ना
तुम्हे खुले आसमा की चाह थी
यह पिंज़रो से नजदीकियाँ कम करो ना

खिलखिलाती सब में जान भरती थी
तुम जान खुद में फिर समाओ ना
जिंदगी इक झूठ थी पर वहा की झूठ से
अनजान सच्ची मुस्कान लाओ ना

तुम प्यार संजोने में माहीर थी
तुम खुदसे इश्क का इजहार करो ना
बड़ी मासुम चंचल थी तुम्हारी बोली
फिर बातों से आंख मिचौली करो ना

तुम पंछी पेड़ पौधो की संगिनी थी
कुछ लोगों की वजह से उनसे मत रूठो ना
हर छोटी चीजों में खुशियाँ ढूंढती थी

तुम फिर उसी खोज में जुट जाओ ना

हवाए आज भी जानती है तुम्हारे संग तैरना
तुम फिर से बाहें फैलाकर देखो ना
कैसे भूल गई तुम खुद की पसंदीदा थी
तुम खुद के लिए खुद को वापस ले आओ ना

55. आरजु है हमारी

इश्क ने एक आम रूह की दुनिया यु सवारी
दिलकश सावरे हरपल छाई है तेरी ही खुमारी
कैसी यत माया ना जान सकी राधा दुलारी
अनंत है यह सदा बस गूँजेगी कहानी हमारी
सलामती हो तेरी इतनी सी आरज़ू है हमारी

आँचल से बंधी गाठ उसमे याद है तुम्हारी
खुले तो सारा समां बिल जाए इतनी है प्यारी
फकीर हुआ अमीर इसे तेरी मिली जो जानकारी
तेरे आशियाँ की हवा में मुस्कान बसे चाह हमारी
सलामती हो तेरी इतनी सी आरज़ू है हमारी

पनाह हो राहतों की दर्द से ना हो कभी यारी
चहके तेरा जहाँ खुशियों की हो रोज सवारी
गर्मों के बादल हटें सुकून की रहे बारीश जारी
हर दूवां लगे तुझे ना लगे मुझ जैसी बिमारी
सलामती हो तेरी इतनी सी आरज़ू है हमारी

आस है अरदास है के हो इक मुलाकात हमारी
ना भी हो तो यादें है मेरे पास नायाब और न्यारी
तडपन है मिठी सी ना छूटेगी इन से बाते हमारी
तु रहना जान आबाद बाकी चाहत हमारी जिम्मेदारी
सलामती हो तेरी इतनी सी आरज़ू है हमारी.

56. ठहरा दिल

जब दर्द हद्द पार कर दे
और जीना दुश्वार कर दे
जब परेशानियाँ जिंदगी मे
घुटन का कारोबार भर दे

रास्ता दौड़ना छोड़ों चलने
तक भी चाह छूट जाए
गम के बादल डरा डराकर
रोज सर पे मंडराए

क्या करें कहा जाए
मैं ही क्यु समझ में ना आए
अपनों की भीड में इन आसुओं को
रोकनेवाला नज़र ना आए

समझ जा के हार गया है
तु बस अब कर दूवाँ के
हो अंतिम सांस भी रवाना
आए गले लगाए मौत के
आसान कर दे मेरी सांसो का जाना

ना जीने की उम्मीद है
ना चाह मुझे किसी बात की रही है.

नेहा केदारे

यह मैने कुछ अल्फाज नही
अपने ज़ज्बातों की कहानी कही है

57. चाहे जीना हो सजा

इक वजाह है काफी;

काफी है इक वजाह

जीना ना छुटे बैरागन

चाहे जिना हो सजा

मरहम रहे कर्म तेरा

चलती जा माया बिखराती

जन्म से क्यों रुठी तु

जो माटी समझे गैर सभी

वो तेरे आँसू तो है मोती

बंद पन्नो में हसरतें

ना मिली इनको बरकतें

ना हार मन का गान तु

गाए जा तराना प्यारा

ना बोलो में घोल नफरतें

कहा सच्चे साथी

कौनसा इनका रंग

कौन सी है जाती

कहा फिर ढूँढे ठौर तु

चलती जा राह ढलती जा

हर रंग मे पर ना बन जज्बाती

हाल तेरा बेबस लाचार

देख पुछता कौन है

बेमतलब आस मे ना रह तु

खुद से बोल खुद का वजुद़
ना रख मर्यादा यह मौन
ना चुके गन्दगी के घिनौने पल
गरिमा अपनी संभालते चल
बचना लडना भी सिख तु
आबरू उछालना चलता था कल
चलता है आज और चलेगा कल

58. हिम्मत कर

दिल चिर चुके कमान को
मैंने अपना हथियार बनाया
जिन लफ्जो से जख्म है मिले
उनको अपनी कलम से हराया

आग सी जल रही है राख हालातें
भस्म समझ उन्हें मथ्थे है लगाया
ना रोका खुदको बस झोंका मेहनत मे
जिंदगी को किस्मत का ताना नही दिया

सपने कही है उन को हकीकत बनाना
आसान नही है मैंने आँखों को समझाया
उन्होने मानी नही बात मंजिलों की
खोज मे मजा है इसी बात को दोहराया

चलते यह रास्ता इक डर से डराया बार-बार
करना चाहा हौसलों से पराया
तानों से भरी चट्टानो को भी मैंने
अपनी सोच के बिजली से गिराया

रुकी गिरी रोयी हारी पर हार मानने की
दवा ना कोई पिला पाया
खोया मैंने बहुत कुछ मेरा बेहतर

नेहा केदारे

हिस्सा मैने यह दर्द सहकर पाया

59. कही तो

मन में जो बात चल रही है मेरे
पूछ रही है कहा है खुशी के सवेरे
नीले आसमा के रंग की ओढ इन्हें लगी है
इनमे कही दूर दौड़ने की आस जगी है

जहाँ बहोत सारा सुकून दर-बदर है.
जहाँ प्यार की ईंटों से बना प्यारा घर है
जहाँ में मुझसे हस के मिला करती हूँ
जहाँ में ना मजबूरीयों का गिला करती हूँ

वह गाव है छोटासा या शहर कोई बडा है
वही मेरा कोई अपना हाथ थामे खडा है
लबोंपर अनगिनत फिजुल सी बाते है
जीन की गहराई नापने साथी सच्चे आते है

रहे जान झुमती हवाओं संग उडने इरादे
रहे आजाद सासे खुशी की ना हो हद्दे
पुरी हो कसमे जहाँ सच्चा साथ देने की
हो मुकम्मल हर आस-ए-आरजु जीने की

60. निगाहें

इनके उठते रात काली बन जाती सुबह की सहर है
ना उठाया करो पलके यह शराब है कोई जहर है

डुब जो जाते इन में ना होश आ पाते क्या कहर है
निगाहे मोहतरमा आपकी चंचल सी कोई लहर है

प्यार से ही नही गुस्से मे गुर्राते देखना इन का लाजवाब है
छोटी सी है काफी पर आसमाँ जितने समाती ख्वाब है

इशारों से हुकूम चलाए बेफिक्री के ना जाने कहा की नवाब है
निगाहे मोहतरमा आपकी ना पायाब पर बेइंतहा नायाब है

जिस ओर उठती सासों का आना इश्वार कर देती है
जिस मेहफिल में हो बहा जान बेशुमार भर देती है

61. जरा जी लू तुझे; तो मै जी लु मुझे

तेरे साये में सुकून भरा घर मिल जाए
तु जाए तो रूह का सारा बुर बिन जाए
आँखें ढूँढे बेचैन सी तन्हाईयों में तुझे
तेरे बीना अकेली दिख में भीड में मुझे
जरा जी लु तुझे; तो मै जी लू मुझे

तु नही तो दिल मेरा बे-परवाज़ परींदा लगे
तेरी पनाह में जिंदगी मुझे जिंदा लगे
तेरी खुशी की परवाह बस यही काम है मुझे
कुछ नही बस मानती हूँ अपना हिस्सा तुझे
जरा जी लु तुझे; तो मैं जी लु मुझे

तेरे दिल से होकर मुझे रुह तक समाना है
तेरे ख्वाबों में आकर उन्हें सच बनाना है
रूक जाती है साँसें जब निहारता है मुझे

बता नजरों के पैगाम और कितने भेजू तुझे
जरा जी लु तुझे; तो मैं जी लू मुझे

तेरे हाथो मे हाथ रख राह चलती रहु
कितनी मोहोब्बत है आखों से बयान करती रहं
तु है तो जिंदा हु धड़कन यह कहती है मुझे

कैसे बयान करू और कितना चाहती हु तुझे
जरा जी लु तुझे; तो मैं जी लू मुझे

तेरा साथ मिले यह इबादत की है रब से
दिवानगी छाई है घुन तेरी लगी है जब से
कैद तेरी बाहों की हो तो हर सलाखें मंजूर है मुझे
आखरी उम्र तक मेरे इश्क की हद्द दिखानी है तुझे
जरा जी लु तुझे; तो मै जी लु मुझे

62. अलगपन कभी खोने मत देना

तु डर मत इन रास्तों से उठ जा मेरी जान
नहीं कोई मुश्किल तुझसे बड़ी बस इतनी सी बात मान

बिखरी तु बुरी तरह हारी कहीं बार है
पर उठकर फिर से लडना यहीं तेरा किरदार है

काबिलियत पर शक लाना नहीं तु ने खुद को जाना नही
माना सबकी बातो को दिल को खुद के माना नहीं

खुद से पहले रखा औरो को छुट जाते दौरो को
दबा दिया कही बार मन की मासुम लहरों को

खुद के लिए मजबुत बन कहानी अब नई लिख
खुद को पहले रखने की आदत अब तु भी सिख

जानेवाले जाते रहेंगे आनेवाले आते रहेंगे
अलविदा कर अजीज तेरे दिल तेरा दुखाते रहेंगे

सोच बडी रखना दिल को दिमाग पर हावी होने मत देना
वक्तपर रो लेना पर अलगपन अपना संभालना उसे खोने
मत देना

63. बाप

तुने देखना ही छोड़ दिया प्यारी को तेरी
खुद लेली रुक्सती विदाई छोड़कर मेरी

सवेरा होता है काली रात से भी अंधियारा
क्योंकीं फिरता नहीं मेरे सर से हाथ तेरा प्यारा

छोटे छोटे झगड़ों की खुशियां अब मिलती नहीं
जमाना कहता है पर तु ना आएगा मैं मानती नहीं

तेरा सिखाया सब्र साथ रखती हूँ
भ्रम होता है तेरा कितनी बार चुकती हूँ

देख लाडली मेहनती बन गयी है तेरी
गुरूर से इतराने तो आजा याद आती है तेरी

तेरे नामौजूदगी की कीमत बोहोत बड़ी चुकानी पड़ रही है
रब के घर गया तू; तेरे बिना हर चीज यहाँ अड़ रही हैं

64. मन मेरा

इक नई सी राह खोजने चला है
खुदसे खुदका बैर पोछने चला है
गुलाब की डाली सा कांटों से भरा है रास्ता
पंखुड़ीयो की मुलायम गोद में सोने चला है
मन मेरा मन मेरा मन मेरा

चाहतो मे सपने है; राहो मे उर मानो बला है
साँस ले के जगा उम्मीदों की मशाल सा जला है
अंधियारा खत्म होने को है,
अंबर से छाया लेने सुनहरा सवेरा चला है
मन मेरा मन मेरा मन मेरा

रंगीन रंगो से भरा मोर है; नाचने लगा है
सुकून की बारीशों से इसका रिश्ता सगा है
बेताल है बेसुर है; मोहक और बेकसूर है
दिल के तराने फिर पागल सुनने लगा है
मन मेरा मन मेरा मन मेरा

दब चुकी जीने की चाहत रखने लगा है
नये जज्बातों से मिलने की हिमाकत करने लगा है
आया है मेहफिलों में आवाज रखने लगा है
कहा है मेरे हक़ का जहाँ पुछने लगा है
मन मेरा मन मेरा मन मेरा

65. अहमीयत

संभालके रखना वो कल सारे

खुबसूरत थी तुम जिनमे वो पल सारे

विरानी अगर मन मे छाने को हो

तो कल में झाकना वही है हल सारे

के तुम्हारी हिम्मत की मिसाले जो

सिर्फ तुम्ही को पता है

के तुम में समझदारी की जो

छुपी छुपी सी अदा है

हर लम्हे में हौसला रख

हंसना तुम्हे आता है

खुद की परवाह का किया जो

तुमने खुद से वादा है

निभाना उसे तुम्हे मरते दमतक है

मेहनत करनी है जान जबतक है

तो सुनो तुम खुदसे बाते किया करो

तुम्हारा उमदा साथी तुम्हारे अंदर हरवक्त है

पता है आनेवाला मंजर

धुंधला दिखाई पडता है

तुम्हारे अंदर एक इन्सान है

जो इस घने कोहरे से लड़ता है

वो इन्सान कभी इस लडाई से थक जाता है

राहो को सोचा नही करते समझाना पड़ता है

क्योंकि राहो में फूल ही नही कांटें भी होंगे

मुलायम सहलावटे ही नहीं चांटे भी होंगे
तुमने शायद अपने हिस्से के
खुशी के पल औरो में बाँटें भी होंगे
दिल से चलते झेले तुमने घाटे भी होंगे
तो इन सब पहलुओं को बटोरना अब तुम
रोना, हंसना पर जिंदगी जीना अब तुम
दिल को सबसे किम़ती बता देना
और अहमीयत खुदकी संभालना अब तुम

www.ingramcontent.com/pod-product-compliance
Lightning Source LLC
Chambersburg PA
CBHW031446150726
47990CB00007B/2635